AF595754

Troisième Année. — N° 9. Le Bulletin parait le 10 de chaque trimestre 10 Novembre 1893

BULLETIN
DU SYNDICAT AGRICOLE DES COLONS FRANÇAIS EN TUNISIE

Abonnement : Un an, 2 francs *Service gratuit pour les Membres du Syndicat* Le Numéro : 50 centimes

ANNONCES COMMERCIALES La ligne, 30 cent. *Pour les annonces à l'année, on traite de gré à gré*	*RÉDACTION ET ADMINISTRATION* AU SIÈGE SOCIAL DU SYNDICAT 19, rue Louis-le-Grand A PARIS	OFFRES ET DEMANDES La ligne, 25 cent. *Pour les Adhérents du Syndicat*

MANUEL
DE
L'ÉMIGRANT EN TUNISIE

Modes de Culture et Renseignements pratiques

PAR

JULES SAURIN

Prix : 50 centimes

PARIS
Augustin CHALLAMEL, Éditeur
LIBRAIRIE COLONIALE
5, rue Jacob et 2, rue Furstenberg

1894

MANUEL DE L'ÉMIGRANT EN TUNISIE

Renseignements pratiques

Table des Matières

PRÉFACE

Faire connaître la Tunisie aux Français, détourner vers elle une partie du courant d'émigration qui entraîne chaque année vers les deux Amériques trente mille de nos compatriotes, tel est le but de cet opuscule. Cette œuvre est urgente.

Située à quelques heures de navigation de la Sicile, la Tunisie attire inévitablement les Siciliens chassés de leur pays par le bas prix des salaires et souvent par la misère. Tous nos efforts doivent tendre à y amener en plus grand nombre les émigrants français. Ceux-ci répondront à notre appel si nous leur donnons les moyens de devenir propriétaires du sol qu'ils cultiveront.

N'est-ce point là la passion dominante du paysan français, celle à laquelle il a sacrifié tant de fois son bien-être? Or, la Tunisie renferme des étendues immenses de terres disponibles.

Ne négligeons aucun des moyens qui attirent les émigrants dans un pays neuf. Toutes les Républiques américaines, toutes les colonies anglaises entretiennent en Europe des agents d'émigration ; elles répandent à profusion des notices, des brochures remplies de détails précis sur les terres disponibles et les réserves diverses qu'elles offrent aux émigrants. Pourquoi l'Etat tunisien, après avoir alloti ses domaines et ceux des habbouss, n'aurait-il pas recours à la publicité la plus étendue pour faire connaître au plus modeste des paysans français dans quelles conditions il pourra s'établir en Tunisie. Déjà il a créé à Tunis une Direction des Renseignements, une Caisse de colonisation qui nous font bien augurer de l'avenir. Le domaine public a été confié à cette administration. Espérons que cette institution inconnue jusqu'ici dans nos colonies contribuera dans une large mesure au peuplement français de la Régence.

I. Géographie générale

LE SOL. — La Tunisie a une superficie de 13 millions d'hectares et une population de 1.300.000 habitants, soit à peine 10 habitants par kilomètre carré. Mais son immense territoire ne jouit pas dans toutes ses parties du même climat ni des mêmes conditions agricoles. On peut le diviser en trois régions d'une superficie à peu près égale : celle du Nord, celle du Centre et celle du Sahara.

La région Nord (4 millions d'hectares) est séparée de celle du Centre par une ligne qui partirait de Tebessa (Algérie), passerait au Nord de Kairouan et aboutirait à la mer entre Sousse et Hammamet. Le Sahel (Sousse et sa riche banlieue) se rattache à cette première région. Elle est caractérisée par des pluies régulières, dont la hauteur est de 0,450 millimètres à un mètre par an. La culture des fourrages, celle de la vigne, de l'olivier, y rencontrent des conditions très favorables ; celle des céréales peut aussi donner d'excellents résultats. Presque partout on trouve soit des sources, soit des nappes d'eau plus ou moins profondes, permettant l'établissement de puits. Le climat de cette

région ressemble à celui de la France méridionale : pluies abondantes de fin septembre à fin avril, absence presque complète de pluies de fin avril à fin septembre. A Tunis, la température moyenne est de 12° en hiver, et de 26° en été. La chaleur, sauf les jours de sirocco, est tempérée par des brises de mer très fraîches. Les hautes montagnes ne se trouvent pas à une faible distance du littoral comme dans les provinces d'Alger et de Constantine ; on ne les rencontre que dans l'intérieur et leur altitude ne dépasse jamais 1.500 mètres. Toutes les vallées sont largement ouvertes vers la mer. Cette disposition géographique du sol permet un va-et-vient continuel des courants d'air entre la mer et la terre et donne au pays une salubrité exceptionnelle. La mortalité à Tunis est de 23 pour 1.000, bien inférieure à celle de toutes les villes du Midi de la France. Les vieillards, les centenaires eux-mêmes sont très nombreux parmi les personnages que nous font connaître les inscriptions funéraires de l'époque romaine. Les fièvres paludéennes sont rares dans l'ensemble de la région. Aussi le séjour de Tunis convient-il admirablement aux hivernants. Beaucoup de personnes riches, séduites par la douceur du climat, par le charme des souvenirs historiques s'établissent à Tunis ; elles y font des placements, des acquisitions d'immeubles qui leur donnent un rendement double de celui qu'elles trouveraient en France. A l'approche de l'été, elles quittent la Tunisie. Le jour où la Tunisie sera mieux connue, le nombre des hivernants français et étrangers décuplera.

La région centrale (4 millions d'hectares) a pour limites au Sud une ligne passant au Nord de Gafsa et aboutissant à la mer à la Skirra, entre Sfax et Gabès. On peut rattacher à cette région toute la zone littorale jusqu'à la frontière tripolitaine. Les pluies sont beaucoup moins abondantes (200 millimètres par an) ; la culture des céréales est pleine d'aléas, puisqu'on compte à Kairouan une bonne récolte sur trois et à Sfax une sur cinq. Le pays est encore favorable à l'élevage du mouton et à toutes les cultures fruitières (olivier, amandier, vigne). Il pourra entretenir beaucoup de moutons, car si les pluies ne sont pas assez régulières pour permettre à l'épi des céréales de se former et de se nourrir, elles suffisent grâce à la chaleur des hivers, pour faire pousser des herbes très nutritives. Ces ressources fourragères seraient doublées par la fumure et par les labours profonds. Une autre richesse de ce pays est l'alfa qui couvre une étendue de plus de 1.500.000 hectares. On y trouve encore de nombreux points d'eau, des montagnes élevées comme le Bou Hedma (1.300 mètres d'altitude) entre Gabès et Sfax. A l'époque romaine, il renfermait des villes immenses et des plantations d'oliviers couvrant une étendue considérable. Les cultures fruitières de cette région ont été très bien étudiées par M. Bourde, directeur de l'agriculture, dans un rapport spécial.

La région saharienne (5 millions d'hectares). — A mesure qu'on s'éloigne vers le Sud, les pluies deviennent de plus en plus rares (Gabès, 140 millimètres), les plaines se couvrent encore à la saison des pluies d'une riche végétation éphémère. Toute culture est impossible, sauf dans les endroits irrigués. Les sources et les puits artésiens sont nombreux dans le Sahara tunisien, à cause du voisinage des montagnes élevées. Un service de sondage bien organisé transformerait le pays. Déjà, en Algérie plusieurs colons français exploitent avec succès des palmiers dattiers (voir Rolland : Colonisation de l'Oued Rihr). Le Sud tunisien offre des conditions particulièrement favorables à cette culture et les dattes du Djerid sont célèbres dans le monde entier. Il y a là une entreprise tentante pour des capitalistes français. La récolte des dattes se fait en hiver, à un moment où le Djerid est très agréable.

Les habitants. — La population est très inégalement répartie. La zone littorale sur une étendue de 50 à 60 kilomètres comprend près des trois quarts de la population totale ; Tunis et sa banlieue, Bizerte et ses environs, le Sahel, l'île de Djerba, renferment plus de cent habitants au kilomètre carré. Mais l'intérieur du pays est presque dépourvu d'habitants. Dans la Région Nord, on ne compte pas dix habitants au kilomètre carré (la France en a 72 et l'Italie plus de 100), c'est dire que la Tunisie offre un vaste champ à l'émigration européenne.

La population comprend :

1.300.000 habitants
dont 100.000 Israélites
50.000 Européens

Les indigènes tunisiens sont beaucoup plus civilisés que ceux d'Algérie. Dans les villes on trouve une bourgeoisie policée, au courant de nos usages, en contact avec des Européens parlant tous l'arabe. Cette bourgeoisie ne nous est pas hostile de parti pris ; elle vient vers nous et envoie ses enfants dans nos écoles. Les artisans sont aussi très nombreux. Tous les corps de métiers organisés en corporations sont représentés ; les menuisiers travaillent le bois avec habileté, les plâtriers moulent des arabesques avec une adresse égale à celle de nos meilleurs ouvriers français.

A la campagne tous les indigènes sont attachés au sol, à l'exception de quelques tribus nomades qui parcourent les régions du Sud. La petite propriété n'existe que dans la banlieue des villes. Le sol est divisé le plus souvent en d'immenses domaines de 300 à 10.000 hectares. Une partie du domaine est cultivée directement par le propriétaire et le reste est loué à l'année par lots de 10 à 12 hectares. Un gourbi construit en pierres sèches et recouvert de chaume sert de demeure à l'Arabe : l'orge et le blé réduits en farine par les femmes de la maison et transformés en galettes constituent sa principale nourriture. Les jours de fête il y ajoute un peu d'huile et un morceau de mouton. La plupart des cultivateurs sont des Khammès, sortes de serfs, attachés à un maître par les liens d'une dette ; le maître leur fournit les avances nécessaires pour semer 10 hectares de céréales et pour vivre jusqu'à la récolte. Ils touchent pour leur travail le cinquième du produit. Quelques-uns d'entre eux, les plus travailleurs, louent à l'année une étendue de terrain qu'ils cultivent pour leur propre compte. Malheureusement la terre épuisée par la culture sans engrais et mal préparée par leur charrue primitive, donne à peine cinq à six quintaux à l'hectare. Souvent même, la récolte moyenne n'atteint pas deux quintaux de céréales à l'hectare (1888-1893).

Les Israëlites sont au nombre de 100,000. Ils ne se livrent pas tous au commerce ; dix mille d'entre eux sont agriculteurs, quinze à vingt mille exercent des métiers manuels. Ainsi à Tunis presque tous les tailleurs, cordonniers et ferblantiers appartiennent à cette communauté. Les autres sont commerçants et banquiers. Ils sont de redoutables concurrents pour les Européens, car ils ont sur eux l'avantage de mieux connaître le pays, la langue de ses habitants, les us et coutumes des clients. Les Israëlites commerçants (plus de 65,000) sont beaucoup trop nombreux eu égard à la population du pays ; en Algérie il y en a à peine 40,000 sur 4 millions d'habitants, soit un Israëlite pour 100 indigènes. En Tunisie on en compte un par vingt habitants. Aussi tous les efforts de l'alliance israëlite tendent-ils à les pousser vers les métiers manuels et vers l'agriculture.

Les Européens sont au nombre de 50,000 dont 12,000 Français. L'émigration française s'est encore peu portée en Tunisie ; *car il faut défalquer de ce chiffre 3 ou 4,000 fonctionnaires*. Les Italiens sont deux fois plus nombreux ; ils exercent dans les villes tous les métiers manuels. Dans les campagnes ils sont journaliers ; le bon marché de leur main-d'œuvre les fait *malheureusement* préférer aux ouvriers français et la plupart des grandes fermes et des sociétés en emploient un grand nombre. Il serait facile de les remplacer par des indigènes tunisiens ou tripolitains et par des nègres dirigés par des contremaîtres français. Le service des plantations du Bône-Guelma, plusieurs fermes françaises ont renoncé à leur emploi avec succès.

Les Français, malgré leur petit nombre, ont acheté 400,000 hectares de terre, et créé de grandes entreprises commerciales, industrielles et agricoles ; ils constituent à eux seuls la classe dirigeante du pays. Au nombre de 12.000, les Maltais nous sont plus sympathiques que les Italiens ; tous envoient leurs enfants dans les écoles françaises et se rapprochent de nous. On ne citerait pas dix élèves maltais fréquentant une école italienne.

Ils habitent surtout les villes où ils exercent tous les petits commerces (loueurs de voitures ou de charrettes, jardiniers, marchands, épiciers). A côté des Français, on peut placer 26,000 Algériens protégés de la France, parlant notre langue et se réclamant de leur titre de sujets français depuis l'établissement du protectorat. Enfin la brigade d'occupation qui comprend environ 15,000 hommes vient encore augmenter le nombre des Français qui habitent la Tunisie. Ajoutons que beaucoup d'indigènes parlent notre langue qui se répand ainsi de plus en plus dans tout le pays.

Le gouvernement. — La Tunisie est placée sous le protectorat de la France. Rien n'a été changé en apparence : le Bey est toujours sur le trône ; son nom figure sur les monnaies, il nomme les hauts fonctionnaires et il continue à rendre chaque semaine la justice à son peuple. Mais le résident général de la République française à Tunis est son ministre des affaires étrangères et a la haute direction de l'administration du royaume. Le général commandant la brigade d'occupation est le ministre de la guerre. Tous les autres services ont à leur tête des Français, à l'exception de la justice et des affaires indigènes.

Le pays est toujours administré par des caïds qui remplissent à la fois les fonctions de nos préfets, de nos juges de paix, de nos lieutenants de gendarmerie et de nos receveurs des finances. Ils font exécuter leurs ordres par l'intermédiaire des cheikhs ou chefs de villages nommés aussi sous l'influence française. Notre seule innovation a été l'institution des contrôleurs civils, placés au-dessus et à côté des caïds, chargés de contrôler leurs actes et de donner l'impulsion aux administrateurs indigènes.

Au point de vue judiciaire, toutes les affaires où un Européen est en cause sont portées devant les juges de paix ou devant les tribunaux français ; mais les affaires n'intéressant que des indigènes seuls, sont toujours jugées suivant la loi tunisienne par les caïds, les cadis, ou les tribunaux musulmans de l'Ouzara et du Chara.

Nous avons respecté d'une façon absolue tous les biens des mosquées et des établissements religieux ; en Algérie l'Etat les a tous confisqués. La propriété privée des indigènes a été encore plus scrupuleusement respectée en Tunisie ; en Algérie on a exproprié les Arabes moyennant indemnité pour créer des villages européens. Enfin, en Tunisie, le protectorat a laissé à la classe moyenne indigène une part considérable dans l'administration du pays.

Aussi ne trouve-t-on pas cette haine sourde des indigènes contre les Européens qui éclate à chaque instant en Algérie. Tandis que dans ce dernier pays, on compte dans une seule année plus de 6 500 attentats d'indigènes contre des Européens, soit un attentat pour 80 Européens, le nombre de ces attentats commis en Tunisie ne doit pas dépasser 50 par an, soit un pour 1.000 Européens.

Les finances qui étaient en 1881 dans le désordre le plus complet, sont aujourd'hui prospères. La dette tunisienne garantie par le gouvernement français a été convertie deux fois. L'Etat a en réserve une somme de 30 millions de francs provenant des excédents des budgets antérieurs et des bénéfices de la dernière conversion. On pourra construire 600 kilomètres de voies ferrées sans avoir recours à l'emprunt et sans grever nos budgets de lourdes garanties d'intérêt. L'heureux état de nos finances est une des conditions qui contribuera le plus aux progrès économiques de la Tunisie.

Voies de communication. — Tunis est à 36 heures de navigation de Marseille. Plus heureux que les Australiens et les Américains, nous pouvons expédier nos produits en Europe sans leur faire subir des transports maritimes de plusieurs semaines. Nous avons presque à nos portes le plus riche marché du monde, la France, pour l'écoulement de nos produits.

Depuis la loi douanière de 1890, presque tous les produits agricoles de la Régence entrent en franchise de douane en France. Le vin paie encore 0 fr. 60 centimes par hectolitre. Le port de Tunis inauguré récemment offre de nouvelles facilités au commerce. Celui de Bizerte sera terminé dans un an. Quand les ports de Sousse, de Sfax et de Gabès, en ce moment à l'étude, seront ouverts aux navires, la Tunisie sera très bien dotée au point de vue maritime et il ne restera plus que des ouvrages secondaires à construire.

On a construit 800 kilomètres de routes et amélioré quelques pistes. L'essentiel est de construire au plus tôt des chemins de fer et de les relier aux lieux de production par des pistes améliorées. C'est le programme aujourd'hui adopté. On se prépare à établir en ce moment 450 kilomètres de voies ferrées. Les tracés des nouvelles lignes seront les suivants :

Tunis à Sousse par Zaghouan et L'Enfidah ;

Tunis à Hammamet par Hammam-Lif et Gorombalia avec embranchement sur Soliman et Kélibia ;

Djedeida (25 kilomètres de Tunis) à Bizerte par Mateur ;

Sousse à Kairouan ;

Sousse à Moknine et plus tard à Sfax.

Les lignes de Tunis à Ghardimaou (frontière algérienne), de Tunis à La Marsa et la Goulette, et de Tunis à Hammam-Lif forment un réseau de 260 kilomètres en exploitation depuis plusieurs années.

La construction de nouvelles lignes à travers les hauts plateaux de Maktar et du Kef et dans la région située entre la Medjerdah et la mer s'imposera à bref délai, si on veut ouvrir à la colonisation toute la Région Nord si favorable à l'établissement de nombreux colons.

Mais il ne suffit pas de construire des chemins de fer, il faut leur attirer des marchandises par des tarifs peu élevés. La France a commis une erreur économique des plus graves en laissant établir sur les lignes d'Algérie et sur celle de Tunis à Bône des tarifs deux fois plus élevés que ceux de France.

Le prix moyen de la tonne kilométrique est :

en Algérie, de.....	12 centimes;	
en France, de......	6	—
aux Etats-Unis, de..	4	—

Ainsi, il est plus coûteux de transporter une tonne de céréales de Tunis à Bône (350 kilomètres) que de Buenos-Ayres à Marseille (20 jours de navigation). L'opinion publique à Tunis se préoccupe fort peu de cette question si importante et on ne l'a jamais agitée dans les nombreuses discussions auxquelles a donné lieu l'établissement de nos voies ferrées. Qu'on construise nos lignes à voie étroite, qu'on se contente d'une exploitation appropriée aux besoins des régions qu'elles traversent. *L'essentiel est de réduire au minimum les frais d'exploitation* pour offrir aux marchandises et aux voyageurs *le transport à bon marché* dans toutes les régions susceptibles d'être colonisées. N'oublions pas que les Etats-Unis ont construit 300.000 kilomètres de voies ferrées appliquant des tarifs peu élevés, et que c'est la cause principale de leurs rapides progrès. Imitons-les en Tunisie et construisons au plus tôt 1.500 kilomètres de chemins de fer appropriés à nos besoins. Le réseau en voie de construction sera pour l'Etat une source de revenus directs, puisque le Trésor tunisien fournit lui-même le capital de premier établissement et partage avec la Compagnie qui l'exploitera les sommes excédant les frais d'exploitation. Or, les lignes algériennes ont un chiffre de recettes brutes de 8,000 fr. le kilomètre et les frais d'exploitation du nouveau réseau tunisien ne dépasseront pas en moyenne 4.000 fr. le kilomètre. Aussi, sommes-nous persuadés qu'on pourrait établir en Tunisie mille kilomètres de voies ferrées construites et exploitées économiquement, sans imposer à l'Etat une charge très élevée.

II. Mode d'exploitation du sol.

Considérations générales. — Quel est le mode d'exploitation qui convient le mieux à notre climat et à notre sol ? C'est là une question bien complexe, car l'étude scientifique de l'agriculture algérienne est encore à faire. Cependant, guidés par une expérience agricole de quatre années et par l'étude scientifique agricole, nous essayerons de déterminer à quelles cultures doit se livrer de préférence le colon tunisien.

Tout le monde reconnait que la sécheresse est le grand danger pour l'agriculteur africain. Or nous avons à notre portée un moyen pratique pour lutter contre cet ennemi. Les belles expériences d'Haberlandt, refaites par Law et Gilbert et par Deherain nous ont montré que les plantes non fumées évaporaient 430 kilogrammes d'eau pour élaborer un kilogramme de matière sèche et que les plantes fumées en évaporaient seulement 220 kilogrammes pour le même résultat, soit presque la moitié moins. Ainsi les récoltes richement fumées exigeront deux fois moins d'eau que celles non fumées. Il dépend donc du cultivateur de rendre ses champs moins sensibles à la sécheresse. Bien insensé serait celui qui négligerait un tel moyen de doubler la quantité d'eau que recevront ses terres cultivées. D'un autre côté, l'humus ou la matière organique décomposée joue aussi un rôle très important au point de vue de la sécheresse. Une terre riche en humus absorbe deux fois plus d'eau qu'une terre ordinaire; elle retient aussi l'eau beaucoup mieux.

Ce sera donc avec du fumier de ferme riche en humus et non avec des sels chimiques que l'agriculteur fournira aux plantes les engrais qui les préserveront des effets nuisibles de la sécheresse. L'observation agricole est venue confirmer ces principes scientifiques. Après les premières pluies d'octobre, la campagne tunisienne conserve encore cette teinte grise uniforme qu'elle a revêtu en fin juin, mais on aperçoit déjà de larges taches vertes autour des douars et sur l'emplacement d'anciens gourbis abandonnés.

La pluie, qui a suffi pour déterminer une végétation serrée et vigoureuse sur cette terre enrichie par les déjections des animaux, n'a pas encore fait pousser une seule plante dans le sol environnant. Que de fois, dans les années de sécheresse, ai-je remarqué des épis superbes sur l'emplacement d'anciens gourbis, tandis que les épis poussant à côté dans la terre non foulée par les animaux étaient grêles et rachitiques.

La production abondante du fumier doit être l'objectif du cultivateur tunisien ; il entretiendra dans ce but un nombreux bétail. Mais notre sol, notre climat conviennent-ils aux cultures fourragères ? La réponse n'est pas douteuse. Tous ceux qui viennent en Algérie ou en Tunisie sont frappés de l'exubérance de la végétation herbacée en Afrique. Sans doute, l'été, nos pâturages sont desséchés par les ardeurs du soleil, mais pendant six mois de l'année nous avons partout des prairies naturelles admirables couvertes de graminées et de légumineuses. Il n'est pas difficile de faire alors des provisions de fourrages pour les mois de disette. Quel est le pays d'élevage où on ne voit pas les granges s'emplir de fourrages pendant l'été ? Cette richesse de la végétation est décuplée par la fumure et par les labours profonds. Bien plus, nous avons quelque raison de supposer que nos fourrages sont plus riches en matières azotées que ceux de France. Comment expliquer la facilité avec laquelle nos animaux, efflanqués après les privations de l'été et de l'automne, se développent et prennent la graisse de janvier à avril. Enfin le climat convient à merveille à la production de la viande, grâce à la douceur de nos hivers. On sait que le froid *mange la nourriture*, suivant l'expression des agronomes allemands. A la température de 25° un animal exige pour son entretien deux fois moins de fourrage qu'à celle de 0°. En Tunisie, où la température moyenne est peu élevée, l'animal est dans des conditions très favorables pour prendre la graisse.

Telles sont les raisons qui imposent au colon tunisien la culture des fourrages avant celle des céréales. Nous ne lui conseillons pas pour cela de se consacrer exclusivement à la production du bétail. La monoculture est très dangereuse; il faut compter avec les caprices des saisons, avec toutes les chances de succès et de revers. La culture des céréales sur des terres fumées à l'avance, celles de la vigne, de l'amandier et de l'olivier ne doivent pas être négligées.

La marche que nous indiquons a été rarement suivie en Afrique; tous les colons cultivent les céréales, mais peu d'entre eux consacrent une partie importante de leurs terres à la production des fourrages. Ceux qui ont du bétail sont persuadés que l'animal ne doit rien dépenser, qu'il doit utiliser la jachère, et que le fourrage est pour lui un luxe que les riches seuls peuvent se permettre. Dans ces conditions, leurs terres, très pauvres en acide phosphorique, épuisées et desséchées par la culture sans engrais ne peuvent plus nourrir la céréale. L'épi ne trouve plus assez d'eau dans le sol en avril et mai pour appeler à lui les sucs nutritifs qui feraient gonfler ses grains. Et pourtant, le champ de blé avait eu un aspect superbe tout l'hiver; le vaillant colon contemplait avec bonheur cette plaine qui lui promettait l'abondance. Hélas ! au moment du dépiquage il récolte beaucoup de paille et il est étonné de trouver si peu de blé dans ces gerbes magnifiques.

Navré de ces tristes résultats, il a un jour renoncé à la culture des céréales pour consacrer toutes ses ressources, tout son labour à la plantation d'un vignoble. Celui qui avait des avances et qui a placé les ceps dans une terre bien défoncée et débarrassée du chiendent, a réussi au-delà de toute espérance. Mais combien de colons ont trop présumé de leurs forces, combien se sont naïvement imaginé qu'il suffisait de confier la bouture au sol pour cueillir de belles vendanges ! Ceux-là, dévorés peu à peu par l'usure, ont vu leurs espérances s'anéantir, et le champ qu'ils avaient fécondé de leurs sueurs, vendu à vil prix, passer en d'autres mains. N'est-ce point là l'histoire de nombreux colons algériens ?

Que de désastres privés on eût évité, si on avait envoyé en France les cent étudiants en droit ou en médecine d'Algérie, et si on avait consacré les sommes dépensées pour nos écoles supérieures à la création de trois stations agronomiques richement dotées et destinées à servir de guide au colon, dans un pays où toutes les données du problème agricole diffèrent de celles qu'il présente en Europe.

Le Bétail

La race bovine de Tunisie est une variété de la race de Guelma. Le bœuf a une conformation reconnue parfaite pour la boucherie ; son cou est court et mince, sa poitrine ample à parois bien arquées. La croupe est longue et très large en arrière. Les bœufs engraissés encore jeunes fournissent une chair savoureuse, car leurs muscles s'infiltrent facilement de graisse. Nous empruntons tous ces détails à une étude de M. Cornevin, professeur à l'école vétérinaire de Lyon. Le poids vif dépasse rarement 350 kilog., mais nous avons vu abattre à Tunis des animaux engraissés, atteignant au poids vif de 550 kilogr. Il est étonnant que cette race se soit maintenue dans un état si parfait, étant donné le régime auquel elle est soumise. A sa naissance le veau est séparé de sa mère et ne reçoit qu'une portion insignifiante du lait qu'elle produit. Une fois sevré, l'animal à qui on ne donne jamais un brin de fourrage entretient tout l'été et tout l'hiver sa misérable existence avec les pailles sèches et peu digestibles qu'il broute dans les champs. S'il ne meurt pas à l'entrée de l'hiver, il commence à se développer vers le printemps suivant.

Améliorer les conditions d'existence de la race bovine afin de la rendre plus précoce et meilleure assimilatrice des fourrages, tel doit être le but du Colon. L'introduction de races bovines étrangères a toujours donné des résultats déplorables. On ne saurait la conseiller que pour obtenir des vaches laitières. La vache tunisienne ne fournit du lait que pendant les trois mois qui suivent le velage et donne environ 400 litres de lait ; mais ses qualités laitières seront aussi améliorées par une meilleure alimentation.

Il n'est pas rare de rencontrer sur nos marchés des vaches pourvues de l'écusson de guenon et de tous les signes extérieurs annonçant de bonnes laitières. On cite une vacherie de la banlieue de Tunis où les vaches tunisiennes donnent une moyenne de 7 à 8 litres de lait par jour pendant plusieurs mois.

En général les colons ne possèdent pas des troupeaux de vaches pour produire directement leurs animaux. Ils achètent sur les marchés pendant la saison d'été des taurillons et des génisses à des prix très bas et ils les revendent quelques mois plus tard. Cette manière de procéder ne sera plus de mise le jour où un grand nombre de colons se disputeront les animaux amenés sur le marché par les Arabes ; elle a aussi l'inconvénient de ne pas favoriser l'amélioration de la race, les animaux élevés par l'indigène étant toujours de mauvais assimilateurs de fourrages à cause de leur allaitement défectueux. L'introduction de bêtes nouvelles dans un troupeau peut aussi favoriser la propagation des maladies contagieuses. Pour toutes ces raisons, il est à désirer que tous les colons constituent un troupeau de vaches tout en achetant des taurillons aux Arabes. Voici un compte approximatif des deux modes d'opérer.

Un taurillon pesant 120 kilogr. est acheté à un prix moyen de 50 francs. Dix-huit mois plus tard, s'il est bien soigné, il pèse 250 kilogr. qu'on revend à un prix moyen de 150 francs pendant l'hiver. Il y a donc une différence de 100 francs environ entre le prix d'achat et celui de vente. Il faut retrancher de cette somme les dépenses évaluées approximativement à

6 fr. pour le berger,
15 fr. pour le fourrage,
8 fr. pour le pâturage,
2 fr. intérêt et amortissement de l'étable.
4 fr. pour la mortalité.

Soit un total de 35 fr. représentant les frais occasionnés par l'entretien d'un taurillon pendant dix-huit mois.

Il restera en fin de compte un bénéfice net de 60 à 65 francs pour un capital de 200 à 350 francs.

En faisant l'élevage on arrive aux mêmes résultats. Une vache achetée 80 francs produit tous les 18 mois, et même tous les ans, un veau d'une valeur de 100 francs à l'âge d'un an. La vache étant bien nourrie acquiert une plus-value importante. Peut-être le rendement des capitaux serait-il moins élevé dans ce dernier cas que dans le premier ; mais l'opération est beaucoup plus sûre. Elle est surtout plus commode pour le cultivateur qui ne peut pas fréquenter régulièrement les marchés.

Race ovine. — La race ovine de la Tunisie est caractérisée par une large queue remplie de graisse et dont le poids varie de 5 à 8 kilogrammes; elle est d'une grande rusticité, malheureusement elle est très dépréciée sur le marché français. Aussi la direction de l'agriculture, vivement frappée de cet état d'infériorité du mouton tunisien, a pris ses mesures pour l'introduction de la race algérienne à queue fine ou de la race mérinos de la Crau. L'Etat se charge d'acheter pour le compte des colons des troupeaux entiers (brebis et béliers) de moutons algériens, ou des béliers de la Crau. Il prend à sa charge les frais de transport.

Rien n'empêche le colon de constituer son troupeau avec les brebis du pays. Ses produits auront un débouché assuré sur le marché local qui absorbe beaucoup de moutons. En effet, il y a à peine, en Tunisie, 1.200.000 moutons pour 1.200,000 habitants; en Algérie, le nombre des ovins est de 16 millions pour une population de 4 millions. On compte en Algérie 4 moutons par habitant et un seulement en Tunisie. Aussi nous faudra-t-il encore plusieurs années pour fournir à l'exportation un contingent important de moutons.

Compte d'un troupeau algérien :

Capital de premier établissement :	
200 brebis à 18 fr.	3.600
Hangard en bois et clôture	800
Total	4.400
Dépenses	
2 Bergers à 100 fr.	200
Provision de fourrage	600
Pâturage sur la ferme	600
Total	1.400
Recettes	
50 Brebis à 23 fr.	1.150
120 Agneaux ou antenois d'un an à 15 fr.	1.800
Total	2.950

Il faut retrancher 20 agneaux pour les bergers. Il restera 1.600 fr. de bénéfice net pour un capital de 4.400 fr., soit du 25 ou 30 0/0. On aurait le même rendement avec les moutons tunisiens ; le revenu serait moins élevé, mais le capital de premier établissement serait plus restreint, la brebis tunisienne pouvant être achetée à un prix moyen de 12 francs.

Cependant le mouton, malgré sa rusticité, est beaucoup plus soumis que le bœuf aux épizooties qui ravagent tout un troupeau ; aussi, est-il prudent de diviser ses capitaux entre ces deux élevages, jusqu'au jour où les colons auront créé avec le concours de l'Etat des assurances mutuelles contre la mortalité du bétail. L'assurance garantissant les pertes qui dépasseraient le 10 0/0 de l'effectif du troupeau est d'une nécessité absolue, si on veut développer l'élevage du mouton en Tunisie. Une prime de 1 0/0 recouvrée sans frais par les agents de l'Etat serait suffisante pour couvrir ce risque. L'élevage du bétail rencontre un obstacle encore plus sérieux dans l'impôt du 6.25 0/0 qui frappe toute vente d'animal faite en Tunisie, sur les marchés ou les fermes. Il serait facile de remplacer cet impôt vexatoire, d'une perception difficile et coûteuse par un zekkat modéré (impôt par tête de bétail).

Cultures fourragères

Les terres non ensemencées se couvrent rapidement de graminées et de légumineuses mélangées à des plantes sans valeur. Dans les plaines argilo-calcaires (terres les plus communes dans ce pays) le phalaris bleuâtre, le ray-grass s'unissent à la luzerne maculée ou trèfle blanc ; la chicorée sauvage étale ses larges feuilles au milieu des couleurs éclatantes des anémones.

La fumure et le labour sont indispensables pour entretenir cette végétation spontanée. Dans les terres maigres et épuisées, les chrysanthèmes, les renoncules ou d'autres mauvaises herbes dominent les graminées et les légumineuses et le pâturage n'a qu'une valeur minime. Aussitôt après la fumure on voit le ray-grass, les légumineuses sauvages reprendre le dessus et étouffer à leur tour les mauvaises espèces. Le pâturage s'est complètement transformé.

Sauf dans les années de sécheresse, les animaux trouvent une nourriture abondante sur les terres non cultivées, du premier janvier à fin juin ; en juillet et août les herbes desséchées offrent encore une alimentation presque suffisante, mais de septembre à janvier le pâturage est tout à fait insuffisant.

La période d'octobre à fin janvier est la plus critique. Les herbes du printemps précédent, foulées à terre par les pluies, noircissent et se décomposent ; les premières pousses de l'herbe nouvelle, sont trop aqueuses pour fournir une nourriture substantielle. Vienne une série de jours pluvieux et froids, comme on en voit souvent en Tunisie et les animaux déjà épuisés par les privations de l'été, ne mangeant rien pendant plusieurs jours, dépérissent de plus en plus et meurent en grand nombre. Chaque année les indigènes voient périr en décembre ou janvier une partie de leurs troupeaux. Un tel malheur ne frappera jamais les fermes où on récolte du fourrage. Les animaux ayant reçu un supplément de nourriture à l'étable pendant l'été et l'automne sont alors en parfait état de santé. La pluie ne les prive pas de leur nourriture quotidienne et ils traversent sans en souffrir, (surtout s'ils sont abrités) la période de pluies et de froid des mois d'hiver.

La paille rendra de grands services comme aliment, mais elle ne saurait jamais remplacer le foin. Sa richesse en matières azotées est trois fois moins élevée et sa digestibilité deux fois plus difficile que celle du foin. Ainsi cent kilog. de paille équivalent à peine à vingt kil. de foin au point de vue alimentaire.

Il est donc indispensable de cultiver des plantes fourragères. L'agriculteur inexpérimenté consultera à ce sujet les traités de Lescure et de Millot sur l'agriculture algérienne. J'appelle son attention sur un fourrage qui lui rendra les plus grands services. Les légumineuses ne réussissent que sur des terres bien fumées et riches en humus. L'avoine coupée verte et fanée très rapidement lui donnera un fourrage excellent. Si les tiges étaient trop dures il n'aurait qu'à les couper au hache-paille avant de les faire consommer par le bétail. Cette plante d'une grande rusticité lui donnera en une seule coupe 30 à 100 quintaux de fourrage sec à l'hectare et un bon pâturage. Nous avons vu plus d'une fois dans les bas fonds des avoines hautes de 1 m. 70 et une seule coupe donnant 110 quintaux d'un excellent foin. L'avoine fourrage est très utilisée en Provence, au Cap et dans les Etats-Unis.

Enfin dernière recommandation, un abri quelque primitif qu'il soit est d'une nécessité absolue pour le bétail. Le colon qui expose ses animaux à toutes les rigueurs de l'atmosphère peut encore réussir, mais il court le risque de perdre un grand nombre de bêtes dans les années pluvieuses. D'ailleurs, s'il veut leur distribuer du fourrage (nous croyons avoir démontré que c'est une mesure indispensable) comment le ferait-il si les mangeoires ne sont pas à l'abri de la pluie ?

Nous n'avons pas à craindre le manque de débouchés pour les produits de l'élevage.

Le marché français, sur lequel nous sommes protégés par des droits de douane élevés absorbe chaque année pour 100 millions de francs de viande, graisses, etc. La consommation de la viande en France s'accroit constamment depuis le commencement de ce siècle ; elle est actuellement de 33 kilog. par habitant alors qu'elle atteint en Angleterre 53 kilg. Une augmentation de 2 kilog. par tête dans la consommation moyenne de France exigerait une importation de viande de 100 millions de francs. La population de l'Europe occidentale s'accroît chaque année de 2 millions d'habitants. De là de nouveaux besoins à satisfaire. Ainsi il y a douze ans l'Allemagne exportait encore du bétail ; aujourd'hui elle en achète au Danemark et à tous les pays voisins.

Céréales

On compare souvent nos terres aux terres vierges de l'Amérique. C'est là une erreur des plus graves qui coûte bien des déceptions aux colons. Si on excepte les sols encore couverts de broussailles, la plupart des terres de la Tunisie sont cultivées depuis des siècles par les indigènes qui ne leur ont jamais restitué le moindre engrais. Elles sont encore assez riches en azote grâce à l'abondance des légumineuses qui recouvrent nos jachères, mais leur teneur en acide phosphorique est très faible. Cultiver des céréales sans fumier est une opération peu rémunératrice dans la plupart des terres en Tunisie. Nous ne faisons une exception que pour la région située au Nord de la Medjerdah, où on pourrait obtenir de belles récoltes en laissant la terre en jachères pendant deux ans. Il est sage de fumer quelques mois à l'avance afin que le fumier soit bien décomposé au moment où la plante en a besoin. Le grand obstacle à la réussite des céréales est la sécheresse qui règne en avril et mai. Aussi est-il de toute nécessité de *semer de très bonne heure* La plante, déjà vigoureuse continuera son développement pendant les mois de décembre et de janvier et constituera ensuite son épi dans de meilleures conditions.

C'est pour la même raison que l'avoine et l'orge moissonnées un mois avant le blé offrent plus de chance de réussite.

Le rendement du blé est de 3 à 12 qtx à l'hect.
Celui de l'orge de........ 6 à 15 — —
Celui de l'avoine de...... 8 à 20 — —

Dans les meilleures conditions de fumure du sol, il ne faut pas compter sur les rendements de 25 à 30 quintaux obtenus dans le Nord de la France. Les chaleurs d'avril et de mai surprennent la céréale au moment où elle forme son épi. Les labours profonds et une abondante fumure enfouie à l'avance dans le sol atténueront l'effet nuisible des chaleurs printanières. Peut-être le blé donnera-t-il, dans ces conditions, un rendement de 20 quintaux à l'hectare. En tout cas, il constituera sûrement une culture des plus rémunératrices dans un pays où le sol vaut 100 francs l'hectare et la journée du laboureur 1 fr. 50.

Cultures diverses

La fève donne en général d'excellents résultats ; elle est à l'abri de la sécheresse grâce à ses longues racines, mais elle exige, comme toutes les légumineuses un sol bien fumé et riche en humus. Sa culture enrichit la terre en azote, l'ameublit et la prépare merveilleusement pour une céréale. Malheureusement, ce produit paie encore un droit de 3 francs aux 100 kil. à son entrée en France. La fève est très recherchée en France par la meunerie. On mélange la farine de fève à celle de blé pour obtenir un pain plus nutritif. Il est à désirer qu'elle entre en franchise en France, comme la plupart de nos produits agricoles. D'ailleurs, il sera très avantageux de la transformer en viande en la faisant consommer par le bétail. La fève est un des aliments les plus riches en matières azotées. 100 kil. de fèves concassées ou trempées dans l'eau donnent à un jeune bœuf ou à un jeune porc une augmentation de poids vif de 30 kil. environ.

Le lin, cultivé pour sa graine est une culture d'une réussite presque assurée. Les racines pivotantes du lin lui permettent d'aller chercher l'eau à une certaine profondeur. D'autre part la plante est en fleurs en mars, forme son grain en avril et se trouve peu exposée à la sécheresse.

Le rendement est de 5 à 12 quintaux et la graine de lin se vend de 23 à 28 fr. le quintal.

Cultures maraîchères

Le colon disposant de modestes capitaux pourra s'y livrer avec fruit. On trouve aux environs de Tunis, à la Manouba, à la Sokra des terres irrigables au moyen de puits dans les prix de 500 à 1,000 francs l'hectare (se méfier des eaux saumâtres). Les légumes sont très chers à Tunis et le marché est mal approvisionné ; les asperges y sont fort rares et ce légume réussirait à merveille dans les sols légers de la banlieue. Malheureusement le mode de perception de l'impôt est un obstacle à ces cultures.

Les légumes paient le 25 0/0 du prix de vente et doivent être vendus à la criée à certaines heures. De là perte de temps et souvent mévente pour le producteur. Il est question d'exiger le paiement des droits aux portes de la ville, ce qui permettrait au cultivateur de vendre ses produits au mieux de ses intérêts.

La culture des primeurs donnera aussi d'excellents résultats ; depuis 1891 les légumes exportés directement en France sont exempts de tout droit.

Les égouts de Tunis vont encore jeter leurs eaux dans le lac au détriment de la santé publique ; il est question d'établir une machine élévatoire qui les amènerait dans la vaste plaine de l'Ariana.

Une société ou un syndicat de propriétaires pourrait traiter avec la municipalité dans le but de créer des jardins maraîchers.

Cultures fruitières

Dans un pays où l'on redoute la sécheresse, les cultures arbustives doivent jouer un grand rôle. L'arbuste pénètre par ses racines à 50 c. 1 mètre de profondeur et va chercher dans le sol l'eau nécessaire à son entretien. Il peut supporter ainsi des sécheresses qui ruineraient les plantes à racines superficielles.

La Vigne. — Elle restera malgré la baisse des vins une des plus belles cultures de la Tunisie. On aurait de la peine à trouver une plante rapportant à l'hectare un revenu brut de 600 à 1.000 francs. La vigne constitue un grand danger pour le colon ; elle exige des avances considérables et ne rapporte pas un sou de bénéfice net avant la sixième ou septième année. La création du vignoble réclame des conditions spéciales qui n'ont pas toujours été réalisées. Une vigne mal plantée ressemble fort à un cheval boiteux ; le pauvre animal ne rend aucun service, mais il réclame une pitance quelconque, pour ne pas mourir de faim. La première condition est l'extirpation du chiendent. Sur les coteaux à terre rouge, si nombreux en Tunisie, rien n'est plus facile. Le chiendent n'y a pas de racines bien profondes. En labourant la terre à 15 ou 20 centimètres, suivant la profondeur des racines, dans le mois d'avril, de mai et de juin, on est presque sûr de le voir disparaître dès la première année. Dans les terres basses et humides où le chiendent pénètre plus profondément, il est indispensable de donner des labours d'été encore plus profonds. Les racines, brûlées par le soleil ardent de l'été tunisien, se dessèchent et meurent. Mais une telle opération doit toujours se faire avant le défoncement. Le jour où le chiendent trouvant une terre meuble et profonde s'est répandu de tous côtés, il est bien tard pour engager la lutte contre lui.

Le défoncement profond *opéré en été* est la seconde condition à réaliser. Beaucoup de vignobles ont été établis après un défoncement insuffisant de 25 à 30 centimètres ; or il faut atteindre une profondeur minima de 0.50 centimètres. En Provence, où le climat est plus sec qu'en Tunisie, on considérerait comme un insensé celui qui aurait la prétention de créer un vignoble sur une terre défoncée à 30 centimètres. Il est inutile d'atteler à une défonceuse plus de huit paires de bœufs; à cause de la déperdition de forces qui en résulte. La charrue en passant deux fois dans le même sillon atteindra facilement 60 centimètres. L'emploi d'une fouilleuse suivant la défonceuse, permettrait d'arriver économiquement à la même profondeur. En juillet et août le défoncement sera très facile, si on a eu soin de donner au printemps les labours indispensables pour l'extirpation du chiendent. La terre défoncée en hiver est insuffisamment aérée et beaucoup moins ameublie.

Une troisième mesure qui s'impose, c'est la sélection des boutures. Rien de plus facile que de parcourir à la veille des vendanges le vignoble dans lequel on veut prendre des boutures et de marquer à la peinture rouge, les sarments porteurs de plusieurs grappes.

Si on ne peut pas réaliser toutes ces conditions, mieux vaut attendre plusieurs années avant de créer un vignoble. On a vu beaucoup de colons ruinés, pour avoir voulu créer d'immenses vignobles à l'aventure, et on a toujours vu s'enrichir ceux qui avaient planté suivant leurs ressources, un petit vignoble dans d'excellentes conditions. Il serait imprudent de se livrer uniquement à la culture de la vigne. La monoculture, nous pouvons le répéter, a toujours réservé de cruelles déceptions à ceux qui la pratiquent. D'ailleurs, l'exploitation de la vigne s'allie très bien avec l'élevage du bétail. Le bétail utilise les feuilles de la vigne qui ne lui sont plus d'aucune utilité, le jour où son bois est parfaitement aouté. Il en est de même pour les marcs de raisin. Un vignoble donne à l'hectare de 50 à 60 quintaux de feuille verte dont la valeur alimentaire est de 75 à 120 fr. Le marc de raisin a une valeur alimentaire de 30 à 40 fr. par hectare. Tous ces produits utilisés, fournissent une somme de 100 à 150 francs servant à payer la moitié ou le tiers des frais de culture. Enfin le bétail fournira gratuitement le fumier indispensable dans toute la culture viticole. Que de vignobles en Algérie et en Tunisie, ne sont pas régulièrement fumés! Comment pourraient-ils, sans engrais, donner des récoltes régulières?

Les vins tunisiens sont de qualité supérieure; ils titrent de 12 à 13° en moyenne; mais la production dépasse rarement 50 hectolitres à l'hectare. La vinification n'offre pas de difficultés extraordinaires pour des vins si riches en alcool, mais il faut suivre *à la lettre* les leçons de l'expérience algérienne qu'on peut résumer en quelques lignes : 1° faire fermenter le moût dans des foudres dont la capacité ne dépasse jamais 50 hectolitres ; remplir le foudre en un seul jour avec des raisins refroidis par la fraîcheur de la nuit et ramenés ainsi à une température de 20 à 23°; enfin, opérer des soutirages pendant la fermentation afin d'aérer et refroidir le moût.

Vignes plantées en Tunisie, 6.000 hectares. Production, 100,000 hectolitres.

Olivier. — La Tunisie possède 10.750.000 pieds d'olivier qui ont produit en 1891, 27 millions de litres d'huile. Cette culture a été écrasée sous le poids de l'impôt par l'ancien gouvernement beylical. Dans le nord de la Tunisie, l'Etat perçoit la dîme ou dixième partie de l'huile produite ; il a pour lui les grignons ; il exige un droit de marché de 6.25 0/0 du montant de la vente. Enfin au moment où le produit échappe pour toujours au fisc tunisien, la douane lui fait payer un droit d'exportation de 12 fr. 50 par 100 kilos. L'impôt réclame environ la moitié du produit. Aussi sous l'influence d'un tel régime fiscal, les oliviers du Nord de la Tunisie ont été négligés et chaque arbre ne donne même pas un litre d'huile les années de bonne récolte. Dans le Sahel et dans les environs de Sfax où le régime fiscal est moins lourd, les habitants cultivent l'olivier avec le plus grand soin, et l'huile est la grande source de richesse de ces pays. L'Etat vend des terres à 10 francs l'hectare entre Sfax et Sousse à tous ceux qui veulent les complanter en oliviers. C'est une opération à très long terme qui rapportera le 25 à 30 0/0. Demander à ce sujet à la Direction des renseignements le rapport de M. Bourde sur les cultures fruitières dans le Sud de la Tunisie. Dans la région Nord, le colon qui créera une olivette de quelques hectares sur son domaine fera un bon placement de père de famille. Les oliviers plantés à dix mètres de distance ne gênent pas les cultures intercalaires pendant les premières années ; la plantation exige à peine un capital de 60 fr. l'hectare. Mais il serait très dangereux d'immobiliser une grande partie de ses capitaux disponibles dans la création d'olivettes. On ne doit consacrer à cette opération qu'une partie de ses réserves, l'olivier ne donnant un produit sérieux qu'à la quinzième année.

Amandier. — L'olivier vient bien dans les les terres basses et humides ; l'amandier, au contraire, préfère les coteaux et les terres sèches. A dix ans, il rapporte 4 à 5 fr. par pied. En les plantant à dix mètres en tous sens, on aurait un produit brut de 4 à 500 fr. à l'hectare. L'amandier a des racines pivotantes qui nuisent peu aux cultures à racines superficielles. La création d'une pépinière d'amandiers est un des premiers travaux à recommander au colon. La région pouvant produire des amandes est peu étendue et les amandes sont très recherchées. L'amande fraîche s'expédie dans toutes les villes d'Europe. Dernier avantage, cet arbre a échappé aux rigueurs du fisc beylical.

Oranger. — Cette culture exige des conditions spéciales qu'on rencontre rarement. Il faut de l'eau en abondance pour l'arrosage d'été et une terre légère. L'établissement d'un hectare d'orangers exige 5 à 6.000 fr., mais le revenu net très considérable, quand toutes les conditions favorables sont réunies, se change en perte si la moindre erreur dans le choix du terrain, de l'eau d'arrosage et de l'orientation de la plantation a été commise.

Halfa

L'halfa est une des richesses de la région centrale. On évalue à plus d'un million d'hectares l'étendue des terres couvertes par cette graminée. Le jour où les voies ferrées traverseront ce pays, l'exploitation de l'halfa procurera des ressources importantes aux indigènes de la région.

Mines et Carrières

Le sol de la Tunisie ne renferme pas de houille, mais il est riche en minerais de diverses natures. Il y a beaucoup de fer entre Tabarka et Bizerte, du minerai de zinc près de Béja, près de Teboursouk et au sud de Tunis. Le phosphate de chaux abonde dans la Régence. On évalue le gisement à ciel ouvert des environs de Gafsa à 6 millions de tonnes. Le gisement de l'Oued Siliana a déjà été concédé.

III. Commerce et Industrie

COMMERCE. — Le commerce extérieur de la Tunisie s'est élevé en 1892 à 39 millions pour l'importation et à 37 millions pour l'exportation. Nous signalons aux industriels français certains articles qu'ils peuvent importer en Tunisie :

Sucres : L'Autriche en importe encore pour 600.000 francs.

Alcools : L'Autriche en importe encore pour 244.000 francs.

Cotonnades : L'Angleterre en importe pour 3 millions de francs.

Les industriels français ou suisses commencent à lutter contre la concurrence anglaise et ils en ont importé pour 756.000 francs en 1892.

A l'exportation, nos principaux articles ont été en 1892 :

Les céréales (blés durs et orges)	12.000.000 fr.
L'huile d'olive	8.000.000
Les animaux vivants (à peine)	500.000
Les écorce à tan	2.000.000
Les vins	1.000.000
Les éponges	800.000

La plus grande partie du commerce extérieur est entre les mains des Israélites ; cependant des Français munis de capitaux importants sont parvenus à créer des maisons sérieuses. Ils rencontrent des concurrents redoutables dans les Israélites tunisiens connaissant à merveille la clientèle locale.

Il en est de même du commerce intérieur, mais de nombreux Français se sont créé une situation dans le commerce de détail (épicerie, boulangerie, cafés, hôtels, etc.). Dans l'intérieur il y a des villes et des villages en formation où un homme actif et intelligent, possédant quelques avances, pourrait se créer une situation avec plus de facilité qu'en France où les concurrents sont si nombreux. Ils ne manquent pas non plus en Tunisie, à cause du grand nombre des Israélites (un par 27 habitants). Aussi, on ne saurait recommander trop de prudence et de méfiance aux Français qui veulent faire du commerce en Tunisie. La clientèle indigène est peu sûre et il est nécessaire de bien connaître le pays pour réussir.

INDUSTRIE. — Nous indiquons quelques industries où un Français de la partie pourrait se créer une situation, mais un homme du métier pourrait seul déterminer exactement les chances de succès.

Minoterie. — La Tunisie importe pour plus de 3 millions de francs de semoules. C'est que la minoterie tunisienne lutte péniblement contre celle de Marseille à cause de la prime d'exportation dont jouissent les minotiers Marseillais. Pour leur rembourser le droit de 5 francs qu'ils ont payé à la douane sur les blés importés, on leur accorde 9 francs par 100 kil. de semoule exportée et 7 fr. 50 par 100 kil. de farine. Or, le rendement de 100 kil de blé dur est de 55 kil. de semoule et de 20 kil. de farine. Le minotier français reçoit donc à l'exportation 7 fr. environ au lieu de 5 fr. qu'il a payés pour 100 kil de blé importés. Le jour où la Tunisie sera assimilée complètement à la France au point de vue douanier, la minoterie pourra y prospérer.

Tannerie. — Nous exportons pour 1 million de francs de peaux brutes et nous recevons pour la même somme des peaux tannées ou mégissées. D'autre part nous exportons 2 millions de francs d'écorce à tan provenant des forêts de Khroumirie. Peut-être pourrait-on transformer à Tunis même nos peaux en produits manufacturés.

MATÉRIAUX DE CONSTRUCTION. — La chaux hydraulique est déjà fabriquée en Tunisie dans deux usines très importantes. Le plâtre est très abondant, mais l'impôt trop onéreux est un obstacle à sa fabrication. L'agriculture réclame la suppression de cet impôt qui empêche l'emploi du plâtre comme engrais. La fabrication des tuiles et briques trouverait d'excellentes conditions à Nebeul et dans maintes régions de la Tunisie. A Tunis, elle a donné des résultats médiocres. Cet insuccès est-il dû à la défectuosité des procédés de cuisson ou à la mauvaise qualité de l'argile qui renferme souvent des débris calcaires.

Il y a là une série de questions à examiner avant de fonder un établissement. Les matériaux de construction trouveront un écoulement facile à Tunis et dans les villes de l'intérieur appelées à un certain avenir.

HUILERIES ET SAVONNERIES. — De nombreux Français ont installé des moulins à vapeur pour la trituration de l'olive ; une Société marseillaise exploite, à Sousse, une usine pour l'extraction des huiles de grignon au sulfure de carbone. Plusieurs savonneries indigènes fonctionnent à Sousse ; peut-être cette industrie pourrait-elle être développée en Tunisie avec quelques chances de succès.

CONSERVES DE VIANDES ET GIBIER. — Encore une industrie française en voie de création. Nous achetons à l'étranger 120.000 fr. de viandes salées et 120.000 fr. de graisses.

TISSUS ET TAPIS INDIGÈNES. — Les indigènes fabriquent beaucoup de tissus. Cette industrie, menacée par la concurrence européenne, se maintient encore, puisqu'elle a exporté, en Algérie, en Egypte et à Tripoli, pendant l'année 1894 :

Tissus de soie.......	440.000 fr.
Tissus de laine......	460.000
Tissus de coton.....	180.000
Chechias...........	460.000

On compte à Tunis plus de 600 ouvriers tisseurs. Un Européen réussirait probablement à perfectionner cette industrie.

IV. — Renseignements pratiques

Avantages aux immigrants. — Il existe en Tunisie une Direction des renseignements et de l'agriculture chargée de renseigner l'immigrant et de lui donner des conseils. Le directeur des renseignements a commencé une enquête sur les ressources du pays. Deux études remarquables ont été déjà publiées : l'une a trait à l'élevage du mouton, et l'autre se rapporte à la culture de l'olivier dans la région centrale.

Ces rapports sont adressés à toutes les personnes qui le désirent. La direction répond également à toutes les demandes de renseignements. Elle accorde à tous les émigrants, qui viennent en Tunisie, une réduction de 50 0/0 pour eux et leur famille sur toutes les Compagnies de chemins de fer et sur les lignes de navigation de Tunis à Marseille. Pour les obtenir il suffit de s'adresser à la Direction à Tunis.

Il y a à Tunis de nombreuses Sociétés régionales de Français. Les Alsaciens-Lorrains, les Corses, les Méridionaux, les Français de la région lyonnaise, ceux de Bourgogne et de Franche-Comté, ceux du Nord-Est forment des associations séparées qui se font un plaisir d'éclairer leurs compatriotes et de les aider de leurs conseils et de leur expérience du pays. Le nouveau débarqué agira sagement en ayant recours aux conseils de ses compatriotes, habitant la Tunisie depuis longtemps. Les nouveaux venus se trompent et se sont trompés bien souvent dans un pays neuf.

Un avantage personnel très important nous a été accordé par la loi de 1889. Les Français établis en Tunisie ne font *qu'une année de service militaire*, s'ils y ont fixé leur domicile six mois avant le tirage au sort.

Travail et Salaires. — La main-d'œuvre est ici à bas prix. Dans les villes, les ouvriers des divers corps de métiers (maçon, menuisier) ont des salaires inférieurs à ceux de France. Mais l'ouvrier sérieux a de plus grandes facilités que dans nos villes françaises, pour devenir petit patron. A Tunis, on trouve déjà beaucoup de nos nationaux dans tous les corps de métier, travaillant avec l'aide de quelques ouvriers français, italiens ou indigènes (menuisiers, peintres, tonneliers, charrons, etc.). A la campagne, l'indigène non nourri est payé en moyenne 1 fr. 20 à 1 fr. 50 par jour, l'Italien de 2 fr. 50 à 3 fr.

Avec de tels salaires, un paysan français ne saurait songer à un établissement en Tunisie. Il ne peut venir ici que comme chef de culture ou gérant, ou petit propriétaire. Dans les fermes françaises, un laboureur ou charretier reçoit de 80 à 125 fr. par mois sans la nourriture, mais le plus souvent avec le logement. Nous recommandons au paysan français de ne pas venir à l'aventure avec toute sa famille ; il pourra venir seul au début, et plus tard, quand il aura trouvé une situation, il ira chercher sa famille en France. Il peut se faire inscrire à la Direction des Renseignements, en lui adressant ses certificats. Cette administration fait connaître, par la voie de la presse, les offres de service qui lui sont adressées. L'ouvrier agricole peut aussi avoir recours aux bons offices des Sociétés régionales établies à Tunis. Plusieurs des présidents et des secrétaires de ces associations ont pris leur tâche au sérieux et ont réussi à placer un certain nombre de leurs compatriotes.

Ce qui attire le paysan français, c'est l'espérance de devenir propriétaire. En France, il est presque impossible au journalier de le devenir, à cause du prix élevé de la terre (1000 à 5000 fr. l'hectare). On comprend sans peine que le paysan *travailleur et économe* atteindra ce but plus facilement dans un pays où les bonnes terres valent de 100 à 200 francs l'hectare.

Chaque année, pendant les trois mois que dure la taille de la vigne, il y a du travail presque assuré pour les bons tailleurs ; on les paie de 4 à 5 francs la journée. Un paysan méridional, qui caresserait le projet d'un établissement en Tunisie, pourrait profiter de cette occasion pour venir étudier le pays sur place, sans bourse délier.

Il appartient à la Direction des Renseignements de faire publier dans les journaux des Notices semestrielles et de répandre par milliers les brochures destinées à renseigner exactement les émigrants français. On éviterait bien des déboires à ceux qui viennent dans ce pays sans aucune chance de succès.

Pour disputer aux Amériques les trente mille émigrants français, qu'elles nous enlèvent, il faut user des moyens, qui leur donnent le succès.

Capitaux. — Des avances considérables sont nécessaires pour mettre en valeur un sol en friche et les émigrants ne sont généralement pas très fortunés. Il est indispensable qu'ils puissent se procurer les capitaux à un taux peu élevé. Le régime hypothécaire dans un pays neuf est de la plus grande importance. La loi de 1885 a doté la Tunisie d'un régime hypothécaire bien supérieur à celui de France. D'abord la propriété (terre ou maison) gage de prêt est à l'abri de toute revendication, une fois inscrite sur le livre foncier de Tunisie. Tous les immeubles ne sont pas encore inscrits sur ce livre, car l'Etat, obligé de dresser un plan exact de la propriété avant l'inscription aurait assumé une charge trop lourde. Mais tout propriétaire peut demander cette inscription (Immatriculation) de son domaine ou de sa maison moyennant une redevance. Les prêteurs peuvent donc l'exiger afin de rendre leur gage absolument sûr.

L'immeuble, une fois immatriculé, a pour ainsi dire un compte-courant, sur lequel on inscrit les servitudes, les charges ou hypothèques qui le grèvent. L'hypothèque légale de la femme sur les biens de son mari, celle du mineur sur les biens de son tuteur n'ont de valeur, que si elles sont inscrites et évaluées. L'intervention coûteuse d'un notaire est inutile pour une constitution d'hypothèque ; il suffit de faire inscrire l'acte sous seing privé de convention hypothécaire à la suite du Titre de propriété, à la conservation de la propriété foncière. Il existe encore un droit fiscal de 1 0/0 sur l'hypothèque, mais on peut l'éviter en ayant recours à une simple ouverture de crédit garantie par hypothèque. Grâce à ce régime, le prêteur qui voudrait réaliser tout ou partie de ses fonds pourra transmettre ses droits à des tiers avec la plus grande facilité.

Le jour où ce régime sera mieux connu en France, les capitaux français qui rapportent en moyenne, le 3.50 0/0 viendront chercher en Tunisie des placements très sûrs au 5 et même au 6 0/0.

Les capitalistes peuvent encore retirer un intérêt du 8 au 10 0/0 en faisant construire ou en achetant des maisons à Tunis et dans les villes de l'intérieur. Déjà un grand nombre de propriétaires français ont pris l'habitude de passer l'hiver à Tunis, pour y surveiller leurs intérêts, tout en jouissant des charmes de notre climat.

Les banques sont encore peu nombreuses. Tunis possède un comptoir de la Compagnie algérienne, la Banque de Tunisie, au capital de 8 millions et trois ou quatre banques privées. L'apport des capitaux est indispensable dans un pays neuf ; c'est la banque qui a été le principal instrument du développement des Etats-Unis. En Australie, les banques ont en dépôt une somme de trois milliards de francs et c'est un tel afflux de capitaux, disproportionné avec le chiffre de la population, qui y a amené la crise de 1893. En Tunisie, nous ne sommes pas encore menacés d'un tel danger et l'intérêt des capitaux pour les prêts hypothécaires varie du 6 au 12 0/0. Les Arabes empruntent couramment par petites sommes en offrant des garanties au taux de 40 à 100 0/0 l'an. L'usure est une des principales causes de leur ruine.

Aussi, faisons-nous appel aux capitalistes de France qui trouveront ici un intérêt élevé avec une sécurité absolue, s'ils agissent prudemment et après avoir étudié le pays.

Terres disponibles.

Le colon peut acheter des terres au domaine public, à l'administration des biens habbous ou à de simples particuliers :

Domaine public : L'Etat possède dans la région du Nord un domaine de 200.000 hectares. Mais la plupart de ces terres sont situées dans des régions éloignées de Tunis ou de tout centre important.

Il appartient à l'Etat de les mettre en communication avec les voies ferrées déjà existantes par des chemins de fer à voie très étroite, exploités avec deux ou trois trains par semaine. Les terres domaniales s'étendent entre Medjez et Bab el Zaghouan et, d'un autre côté, entre Kairouan et Zaghouan. Ces régions ne seront pas desservies par les voies ferrées en construction. Il serait facile de distraire des forêts cent mille hectares pour les livrer à la colonisation. Enfin, le domaine possède deux cent cinquante mille oliviers, qu'il pourrait aliéner ou échanger avec des terres situées à proximité des voies ferrées. Espérons que la caisse de colonisation, créée depuis plusieurs années, signalera bientôt son existence par de nombreux achats.

La Direction de l'Agriculture a déjà allotti un certain nombre de domaines ; elle tient à la disposition des émigrants, 50 à 60 lots bien situés.

4 à 5 sont au Mornag à 20 kilom. de Tunis.
5 à 6 — à Bir-Kassa a 8 kilom. de Tunis.
15 — à Mateur à côté de la gare.
12 — à Sebaghia à 10 kilom. de la gare de Djedeida,
5 — à Tagermain près Bizerte.

Ces terres sont vendues par lots de 10 à 50 hectares au choix de l'acquéreur et à un prix inférieur à celui des terres du pays. Le prix de l'hectare varie de 50 à 175 fr. L'acquéreur s'engage à construire une habitation, à établir une résidence sur le terrain à lui vendu et à le mettre en culture. La vente ne devient définitive que deux ans après et si l'acquéreur a rempli les conditions ci dessus.

Malheureusement, la Direction de l'agriculture exige le paiement immédiat du prix de la terre, il serait plus sage de n'en exiger qu'un tiers au comptant et le reste en plusieurs annuités. Pourquoi aussi ne pas donner au petit colon disposant de modestes capitaux, la faculté de louer la terre avec une promesse de vente ? Avec le paiement au comptant, il faut à l'acquéreur une somme de 8 à 10.000 francs pour mettre en valeur un lot de 30 hectares.

Il est à craindre que cette condition écarte un certain nombre de cultivateurs moins fortunés. Un paysan français possédant un pécule de quelques milliers de francs, n'est pas le premier venu ; il offre assez de garanties pour que l'Etat veuille bien l'aider à devenir propriétaire.

Dans la région centrale, l'Etat possède d'immenses domaines, dont la plupart n'ont pas encore été reconnus. Le groupe le plus important est celui des Terres rialines qui entourent Sfax. Il comprend environ 300.000 hectares dont 56.000 déjà concédés. Ces terres sont vendues par lots de 10 à 1.000 hectares, moyennant 10 fr. l'hectare, dont 5 fr. payable au comptant et 5 fr. en annuités, — l'acquéreur doit s'engager à complanter le sol acheté en arbres fruitiers (oliviers, amandiers). Cette opération ne convient pas au petit colon, disposant de modestes avances, mais au capitaliste pouvant se passer pendant dix ou quinze ans du revenu de son argent.

Les biens habbouss sont des biens de mainmorte, appartenant aux mosquées et aux fondations pieuses. Le protectorat les a respectés, mais pour permettre leur mise en valeur, la loi de 1885 a autorisé leur aliénation, moyennant une rente perpétuelle ou enzel, payée par l'acquéreur. Cette combinaison donne au colon la possibilité de devenir propriétaire sans grandes avances et de réserver tous ses capitaux pour l'exploitation du sol. Aussi presque tous les biens habbouss situés aux environs des grandes villes, ont été acquis par des Européens ou des indigènes. On fait en ce moment la reconnaissance du domaine des habbouss ; il est moins important qu'on ne croyait, et l'étendue des terres habbouss ne dépasserait pas 150.000 hectares pour le rayon Nord.

Les domaines habbouss sont plus importants dans la région centrale. Celui qui veut acquérir un bien habbouss, adresse une demande de mise aux enchères au président de la Djemaia, ou administration des biens habbouss.

Les enchères n'ont lieu que plusieurs mois après la demande et celui qui a fait toutes les démarches court le risque d'être évincé par un concurrent à la dernière heure.

Les domaines privés. — La petite propriété n'existe que dans la banlieue des villes et dans la zone littorale, où la population est très dense. Dans ces régions, la terre complantée en arbres fruitiers avec des puits et des constructions atteint un prix très élevé, de 500 à 2.000 fr. l'hectare. A l'intérieur, au contraire, tout le territoire est divisé en grands domaines de 300, 1.000 et 10.000 hectares ; les petites propriétés de 10 à 50 hectares sont rares. L'hectare vaut de 50 à 200 fr., suivant que la terre est plus ou moins éloignée de la voie ferrée ou d'un centre important.

L'Enfidah (Société franco-africaine) comprend plus de 100.000 hectares. La Société foncière, qui a acheté tous les biens de Mustapha ben Ismaïl possède un domaine de 50.000 hectares, à Gaffour près Teboursouk, un autre de 5.000 hectares à la Mornaghia près Tunis. Plusieurs français possèdent des Henchirs de 3 à 10.000 hectares.

La plupart de ces Sociétés ou de ces propriétaires seront amenés à allotir une partie de leurs terres, en faveur des petits colons. Ils reconnaîtront bientôt que l'administration d'un domaine de plusieurs milliers d'hectares est au-dessus des forces d'un simple particulier. La vente d'une partie de leur domaine donnerait au reste une plus-value considérable. La grande propriété a tout intérêt à avoir autour d'elle une ceinture de petits propriétaires. Tous ces possesseurs de terrains devraient publier leurs conditions de vente ; le nouvel arrivant n'aurait qu'à visiter les terres et à faire son choix. Déjà, la Franco-africaine a alloti une certaine étendue de son domaine à Dar El Bey et à Bou Ficha. Les autres Sociétés imiteront son exemple, le jour où les voies ferrées mettront en communication avec les ports toutes les riches plaines de la Tunisie.

Les capitalistes trouveront facilement à acheter des domaines de 500 à 300 hectares. S'ils ont le moindre doute sur la sécurité du titre de propriété ou sur l'exactitude des limites qu'on leur montre (et on ne saurait trop leur recommander la méfiance) ils peuvent acheter la propriété, à condition qu'elle soit immatriculée. L'immatriculation mettra le domaine à l'abri de toute revendication. L'immeuble est d'abord borné en présence des voisins ; les ayants-droit ont un délai de deux mois pour faire opposition. Le tribunal mixte après l'expiration des délais d'opposition rejette ou admet la demande d'immatriculation. Ainsi en trois mois on peut être fixé sur la validité d'un titre de propriété.

Renseignements divers

Loyers à Tunis. — Le prix des loyers est très élevé pour les maisons du quartier Européen. Un appartement de 4 à 5 pièces vaut de 7 à 900 francs. Dans la ville arabe, ces prix sont inférieurs d'un tiers.

Prix des objets d'alimentation à Tunis :

Pain	0.35	cent.	le kilog.
Vin ordinaire	0.25	»	le litre
Viande	1.20	»	le kilog.
Sucre blanc	0.60	»	le »
Beurre	3.50	»	le »
Pétrole	0.16	»	le litre
Macaronis	0.50	»	le kilog.
Pâtes diverses	0.70	»	le kilog.
Pommes de terre	0.15	»	le kilog.
Œufs	0.70	»	la douz.
Eau-de-vie du pays	1.20	»	le litre
Fromage	2.80	»	le kilog.

Les instruments agricoles, les harnais sont payés au prix de France majorés du 15 ou 20 0/0 à cause des frais de transport, tous les instruments agricoles sont exempts des droits de douane.

Les bœufs de labour valent de 200 à 350 fr. a paire suivant leur âge et leur taille.

Les vaches se paient de 60 à 100 fr. suivant a saison.

Les taurillons valent suivant la saison et suivant leur état de graisse de 30 à 60 fr. les 100 kil. poids vif.

Le bétail est en général à très bon marché (surtout les animaux maigres) pendant les mois d'été. Les prix se relèvent en moyenne de 20 à 40 0/0 de novembre à avril. Le colon qui aura des provisions de fourrage constituera ses troupeaux de mai à fin juin, et de fin août à fin octobre. Les achats des mois de juillet et août ne sont pas conseillés par les personnes du pays; il est dangereux à cette époque de l'année de changer les animaux de pâturage, d'eau, etc. Souvent un grand nombre d'entre eux contractent des maladies et meurent à la suite d'un tel changement.

Cheval tunisien. — On en trouve à tous les prix de 40 à 500 fr., mais un cheval de bonne taille et passable vaut de 200 à 250 fr.

Prix des constructions. — Le mètre cube de maçonnerie vaut de 9 à 13 fr. suivant l'éloignement de la pierre de la chaux et du sable. La journée d'un maçon européen est de 4 à 6 francs; celle d'un maçon indigène est de 3 francs. On traite généralement à forfait pour la construction des puits avec des puisatiers indigènes, très habiles dans ce genre de travaux. Le mètre courant en profondeur pour un puits de 3 mètres de diamètre se paie 100 francs.

Capital nécessaire pour une ferme de 30 hectares :

Achat du terrain	3.000 fr.
Construction d'une maison (2 pièces de 3 m. sur 3 m. 40)	1.000 »
Hangard pour les bœufs et les taurillons, en bois et adossé à la maison	300 »
4 bœufs de labour	500 »
4 vaches et 15 taurillons de 40 fr.	900 »
1 cheval	150 »
Basse-cour	150 »
Instruments agricoles { Charrette. 250 fr. ; Harnais.. 80 » ; Herse.... 40 » ; Charrue.. 40 » ; Divers... 90 » }	500 »
Semences	250 »
Paille	150 »
Dépenses pour la nourriture et l'entretien de la famille pendant un an	1.200 »
Imprévu et réserve	1.500 »
Total	10.000 fr.

Le plus grand danger qui menace le colon, c'est l'immobilisation de ses capitaux, soit dans des constructions, soit dans des plantations de vigne. Il devra porter tous ses efforts sur la production immédiate; la culture des fourrages et des céréales lui permettra d'atteindre ce résultat. Qu'il recherche, dès la première année, l'emplacement des anciens gourbis; presque toujours il y trouvera des monceaux de fumier d'une grande valeur. Les analyses faites au laboratoire de chimie par M. Bertainchand ont montré que ces fumiers sont quatre à cinq fois plus riches que le fumier des fermes de France, en acide phosphorique, en azote et en potasse. Ils peuvent donc payer largement les frais de transport sur une étendue de 5 à 6 kilomètres.

Apprendre l'arabe est une nécessité qui s'impose. *On s'entend quand on se comprend*, dit avec raison un proverbe. Le colon aura ainsi de bonnes relations avec ses voisins Arabes et avec ses serviteurs indigènes. Sans doute, les fellahs qui l'entourent, essaieront de le voler et il devra avoir constamment l'œil ouvert, surtout au moment des récoltes; mais il ne rendra pas les vols moins fréquents en brutalisant ses ouvriers indigènes et en entretenant avec les Arabes des mauvaises relations de voisinage.

C'est une vérité que les colons algériens ont trop oubliée. La haine féroce de l'indigène algérien contre l'Européen, haine qui se traduit chaque année par 6,000 attentats d'indigènes contre des Européens, a sa principale cause dans le manque d'égards que les Français ont eu trop souvent pour les Arabes. Rien de plus instructif à ce sujet que la lecture de l'histoire de l'insurrection arabe en 1871 par Rinn. Un grand nombre de colons français, vivant à la campagne ont dû leur salut aux avis de leurs serviteurs indigènes. L'indigène est aussi sensible que nous aux bons traitements.

Enfin on ne saurait trop recommander au nouveau venu de suivre les prescriptions de l'hygiène africaine. Le pays est en général très sain, mais un homme, qui change brusquement de climat, doit prendre certaines précautions pour ne point souffrir de cette transplantation. L'alcool et le soleil sont les deux grands ennemis de la santé du cultivateur. Le café, les citronnades, l'eau mélangée avec le vin, lui fournissent des boissons rafraichissantes. Un casque en liège ou un couvre-nuque en étoffe le préserveront des atteintes du soleil. En dernier lieu, une bonne ceinture de laine semblable à celle des zouaves, le mettra à l'abri de la dysenterie qui provient le plus souvent d'un brusque refroidissement des intestins.

Bibliographie.

Lescure : AGRICULTURE ALGÉRIENNE. Paris, Librairie agricole, 3 fr. 50.

Millot : TRAITÉ D'AGRICULTURE ALGÉRIENNE, Paris. Challamel, 10 à 12 fr.

Vallier : CALENDRIER AGRICOLE EN ALGÉRIE, Alger Jourdan, 2 fr.

Ces trois ouvrages rendront les plus grands services au colon. Ils ont été écrits par des cultivateurs algériens, qui ont eu à lutter contre les difficultés que présente l'agriculture en Afrique. En effet, les conditions agricoles de l'Algérie ou de la Tunisie diffèrent complètement de celles de la France. En méditant ces trois volumes, le colon se sera vite rendu compte du nouveau milieu dans lequel il opère.

Guérard et Boutineau : LA COLONISATION EN KHROUMIRIE.

Delecraz : CULTURE TUNISIENNE (*paraîtra prochainement*).

L'auteur observe encore depuis plusieurs années avec le plus grand soin les races de bétail tunisiennes, les conditions de la culture du sol, etc.

Le colon trouvera dans les revues agricoles algériennes les renseignements les plus précieux. Nous en connaissons trois :

L'ALGÉRIE AGRICOLE, paraît tous les 15 jours, 12 fr. (Mairie d'Alger).

La PETITE REVUE AGRICOLE, paraît à Bone.

LE FELLAH, paraît à Constantine.

J. SAURIN

Le Gérant : GASTON GUÉNIER.

13100 — Imprimerie de la Bourse de Commerce (F. Bivort), 33, rue J.-J.-Rousseau, Paris.

www.ingramcontent.com/pod-product-compliance
Lightning Source LLC
LaVergne TN
LVHW050515160826
845677LV00003B/1158